AF227289

LES
DISCOVRS
D'VNE LIBERTE'

generale, & vie heureuse pour
le bien du peuple.

*Composé par Barthelemy de Laffemas, Valet
de Chambre du Roy, natif de Beaufemblant en Dauphiné.*

A PARIS,

Chez Gvillavme Binet Imprimeur,
demeurant en la ruë des Amandiers,
à l'Image S.Nicolas.

M. D. CI.

AVEC PRIVILEGE DV ROY.

Comme Chryſtofle Collon, porta ſor
aduis des Threſors des Indes, à l'Eſpagó
qui en à conquistant de Royaume.

L'on recognoiſt le mal, & meſpris de la France,
du reſſus de Collon, des treſors l'inuenteur
A l'exemple de luy, ne denigrez l'Autheur
Les Indes aux François à trouué l'aſſeurance.

LES DISCOVRS D'VNE
LIBERTE GENERALLE, POVR LE
bien du peuple, compofé par Barthelemy
de Laffemas, natif de Beaufemblant
en Daulphiné.

NE fault douter qu'aucuns ne tiennét mauuais quelques articles de ces Difcours, Aquoy refpond l'Autheur, & dit que font propos de diuerfes qualitez de perfonne, & grand nombre d'iceux qu'il a redigé par efcrit pour feruir à la chofe publique, & eftabliffement du Cómerce en ce Royaume: & voyant tant de nombre de peuple qui le demande, il eft croyable que la pluralité des voix eft celle de Dieu. C'eft pourquoy l'on ne fe doit formalifer en ce qui touche le general, pour n'auoir efgard au particulier, qui ne s'en peut offençer. Outre que c'est l'vnique remede de chasser la faineantise, employer & faire viure les pauures, ramener les thresors dissipez à faute de police aux François, qui en deuroyent auoir plus en abondance, que l'Angleterre, Flandre, & Italie tous ensemble, ainsi qu'il a este remonstré par tous les traictez de l'Autheur.

S'ensuit l'abregé de six petits traictez faits depuis le mois d'Aoust dernier, & en chacun desquels est representé en Quatrains, partie du sujet d'iceux traictez, qui font mention de rendre le Commerce & les marchans libres en payans les imposts du Roy vne seule fois auec bon ordre tát à l'entree du Royaume que là où ils ferót les manufactures, ce qui sera à l'aduátage de sa Majesté & bien general de son peuple : Comme aussi regler tous les artisans et mestiers par vne vraye et bonne po lice

PREMIEREMENT.

Audit premier traicté est representé le mal que font à present les foires franches en ce Royaume, & la creation d'icelles, est cause que les estrãgers ènleuẽt les thresors en tous endroits de ce Royaume.

Les plaintes du peuple contre les fermiers peageurs & maltotiers, tenans les imposts, fermes & doüanes, sans toucher toutesfois aux droicts de sa Majesté, ne pouuant iceluy peuple tenir terre sans Seigneur.

Moyens faciles de faire descharger le peuple des Tailles, par le moyen du Commerce, & manufactures estrangeres, sans foule du public.

Comme ce Royaume se rend tributaire de celuy d'Angleterre à cause de leurs manufactures, l'vne des ruines de la France : ayant esgard qu'ils ne veulent point en leurs païs de celle de cedit Royaume.

Les objections contre l'establissement du Commerce, où il est traicté amplemẽt du mal que font les manufactures estrangeres, & les moyens faciles de les establir en ce Royaume & les responces ausdictes objections qui ne peuuent empescher ceste bonne œuure.

Comme les Soies ont esté inuentées en Turquie & païs de Leuant, & depuis deux cens ans en Italie, & de ceux qui ont amené l'inuention en France, il y a cent ans.

Le Climat de France pour en faire se treuue plus propre & temperé que autres païs de la Chrestienté.

La preuue des Soyes, faites aux iardins du Roy & autres lieux & enuirons de Paris, comme Madry, en rendent tesmoignage, se trouuans plus belles qu'il n'en sortit iamais de Sicile, & autres païs d'Italie, ainsi que tesmoignent les Marchans & ouuriers en Soyes de Paris : iusques à asseurer qu'il s'y en peut faire des satins plus beaux qu'il en vint oncques de Gennes.

L'autheur en ces traictez à representé le bien des arbres meuriers, & la forme de les planter, comme amplement en a es-

crit le Sieur du Pradel en son liure de l'A-
griculture, lesquels arbres viennent gráds
plus que nuls autres, tesmoings ceux
des iardins du Roy, plantez petits il n'y a
que quatre ans, & semble qu'ils en ayent
dix de façon que si la Noblesse de France
veut cognoistre ce benefice, ils feront faire plus de Soye que les pays d'Espagne &
Italie, & ne se trouuera en fin que les
ignorans & paresseurs qui ne s'y em-
ployent, & pour auoir les fueilles desdits
Meuriers belles & douces, & en quantité,
celuy qui en aura nombre, faut qu'il en
coupe le tiers tous les ans, ainsi que l'on
fait des solles & boys taillis. Attendu que
les grás & vieux Meuriers jettét les fueilles
petites plus que ceux qui sont coupez de
trois en trois ans, ou de quatre en quatre,
ce qui sera pour aduertissemét à vn chacun. Ainsi ledit autheur l'a appris par gés
qui en ont faict l'experience, cóme ceux
qui en pláterót trois arpens, lesquels en
pourront couper vn tous les ans, pour
tourner le tout à leur profit, cóme dit est.

Les objections dudit premier traicté
font au nombre de quatorze, par lesquel-
les l'on iugera clairemét le bien que peut
aduenir à tout l'eftat de l'eftabliffement
dudict Commerce.

Quatrain pour la fin dudict traicté.

Voicy du bien public, voicy la vraye eſſence
Priſe des bonnes loix, voyez tous les eſcrits,
Les grands, ⁊ tous les Chefs iugez en vos eſprits,
Si refuſez ce bien, à Dieu ferez l'offence.

SECOND TRAICTE.

Où il eſt touché des changes, & Banquiers, & Banqueroutiers.

Liſez loiaux Marchans ces œuures non diuerſes,
Que ſans fraude ⁊ ſans mal vous propoſe l'Autheur,
Conſiderez bien tous, ainſi qu'vn bon lecteur,
Ces eſcrits aux meſchans ſont facheuſes trauerſes.

Les moyens d'eftablir au Commerce
vne police perdurable par vn Chef, & des
Conſeillers, auec vn controole general,
qui eſt neceſſaire pour mettre toutes les
manufactures en leur ancienne bonté &
empecher en icelles les abus & monopoles.

Audit

Audit traicté est representé amplemēt
le vol & piperie des changes, banquiers
& banqueroutiers, qui perdent & ruynēt
le commerce, & maintiennent les vsures
manifestes à la veuë d'vn chacun contre
toutes les loix & ordonnances.

Ceux qui mesprisent & se mocquent de
ceux qui s'éployēt à rechercher les moyés
d'establir ce bon ordre.

Vous tous qui en mespris vsans de gosserie
Monstrez vos beaux effects en chose de valeur,
Celuy qui fera mieux emportera l'honneur,
Tousiours l'homme impudent reçoit la mocquerie.

LE TROISIESME TRAICTE.

Sur les moyens de chasser la geuserie, cō-
traindre les faineants, & emploier les pauures valides.

Hommes ne mesprisez ces œuures difficiles,
Car le Chef de là haut est le sens & l'Autheur,
Le maistre qui l'a faict, n'est que l'entremetteur,
Dieu donne ses secrets & les rend tous faciles.

Pour auoir toutes marchandises & ou-
urages à bon prix, faut empescher les monopoles aux viures & danrees, & sur ce ils

a esté traicté de l'abus d'aucuns Maires &
Escheuins, qui vendét le public pour faire leur profit particulier, ce qui empesche
le bon ordre au commerce.

L'abus de la pluspart des maistrises qui
se doiuent casser & supprimer pour le bié
de la police: attendu que l'on ne voit qu'i-
urognerie, procez & chicanerie entr'eux,
& semble du tout voir vn Mode renuersé,
& pour cest effect est besoing ne laisser
que les principales qui se trouuent neces-
faires pour l'vtilité publique, & pource
l'on represéte le nombre de celles de Paris
qui seruira pour tout le reste du Royaume.

Fin du traicté.

Vous peres du public chassez la geuserie,
Les Turcs & les Payens en monstrent les sentiers,
Plustost faut=il (Chrestiens) le faire volontiers,
Et oster des mestiers fraude & yurongnerie.

LE QVATRIESME TRAICTE.

Faict sur le deuoir de l'aumosme des
pauures, dedié aux riches & amateurs de
la Police.

Tous riches qui auez des biens en abondance,
Aux pauures vous deuez ne retrancher leur part,
Faictes que de vos fruicts leur droit soit mis à part
Les thresors sont au Ciel qui fait bien d'asseurance.

Comme les bonnes maisons, & grosses cuisines engendrent & maintiennent la geuserie & voir à qui l'aumosne est vtile, que tous Chrestiens doiuent apprendre.

Parlant des pauures, il a esté representé la faute que font Messieurs du Clergé de laisser mendier les hommes d'Eglise, atté-du que c'est vn mespris en la Foy & Religion Catholique,

O Messicurs du Clergé voicy l'heureuse vie,
Si de tous vos grands biens en voulez retrancher,
Le pauure y a son droit qu'on ne doit empescher,
Sera œuure de ceux qui n'ont point d'heresie.

Estant sur le propos d'empescher la mé-dicité des pauures il a esté represété l'abus de l'yurongnerie, tauernes & cabarets, qui font cause que tant de menus peuples ils vont manger leur bien, ce qui faict aller mendier leurs enfans.

Monstrer la punition d'aucuns pays aux yurongnes, qui les font demeurer vingt-

quatre heures fur vn cheual de bois, liez &
enchefnez pour exemple.

Fin du traicté.

Comme la chicanerie & procez engendrent le grand nombre des pauures, &
cognoiftre que la Iuftice des Cófuls a efté
cree à faute que les Iuges ne faifoient bóne & briefue Iuftice.

La faute d'auoir crée icelle Iuftice des
Confuls, qui engendre ignorance & mef-
pris: bóne pour les Republicques & non
pour les Royaumes.

La rigueur de l'Edict des quatre mois, de
l'Ordonnance de Moulins, & fentence
d'iceux Confuls, qui ruine le pauure peuple, & le font mendier, & la violence &
tyrannie d'aucuns fergés aux vilages, mef-
mes aux villes contre les pauures affligez.

Comme la rufe des mefchans empefchét
d'auoir Iuftice contre ceux qui brigandét

le public, iusques aux maisons des Rois &
des Princes.

Voir comme l'on doit honorer & res-
pecter les Iuges qui font bonne & briefue
iustice, & sans icelle le nombre des meschans renuerseroit les bons.

L'abregé de neuf Edit & Ordonnances
des feus Rois, à cause des plaintes & cla-
meurs du peuple, qui meurt à la poursuit-
te des procez sans en pouuoir auoir la fin:
dont infinies maisons deuiénent pauures
auec l'ab⁹ de la pratique, où il est parlé des
Procureurs, & aucuns Aduocats mesdisãs
qui sont cause des pauures.

La briefue Iustice que font les estrangers
au profit de leur païs, & la punition ri-
goureuse qu'ils font aux banqueroutiers
qui mangent, iouent, ou paillardent le bié
d'autruy & le peu de credit & Iustice qu'ils
font aux François en leur pays : chose
qu'on doit voir & considerer pour empescher les estrangers d'éleuer les thresors de
ce Royaume, & plusieurs autres belles raisons.

Quatrain à la Royale Majesté pour la fin des cinq traictez.

> Grand Roy pren ce thresor pour secours de la France,
> Cest vn droict bien acquis prens en l'authorité
> Chastie les meschans, ils l'ont trop merité,
> Ils renuersent tes loix sans nulle obeissance.

> O Dieu fays que le Roy renforce la Iustice
> Et que tous les Seigneurs l'embrassent d'vn accord,
> Les François sentirout aggreable support,
> Si l'on fait aux meschans quiter leur Iniustice.

Comme il seroit mal seant à iceluy autheur traicter de ces choses s'il ne faict paroistre le fruit qui en peut aduenir au bié de la chose publique.

Il est encores traicté des Maires & Escheuins, touchant ceux qui vendent les Estats de police, ce qui est preiudiciable au public, attendu que cela faict encherir les viures & empescher les negoces.

Comme les Princes & grands doibuent tenir la main d'empescher les monopoles aux viures & autres marchandises pour leur profit à cause de leurs despences excessiues, qui ayderoit à establir le commerce.

Il est traicté de rechef des fermiers, tant des douaines, que des vins, & du seel, & comme iamais le peuple n'a bien n'y repos quand son chef & superieur est en necessité, [& pareillement iamais Roy n'est riche quand ses sujects sont pauures. C'est pourquoy il se peut dresser vn tel ordre que le peuple soit soulagé et le Domaine de la Couronne grandement augmenté.

Il est aussi traicté de plusieurs qui exigēt & mettent taille sur le menu peuple, cōme bon leur semble, où il est parlé d'aucūs voyers des villes, & autres raisons.

Quatrains pour la fin des six traictez qui represente la tyrannye des meschans sur le peuple.

O Dieu que de peruers sans foy, sans loy, sans ame,
Rauissant le public souz le manteau des grands,
Oncques il ne s'est veu tel nombre de brigans,
Innocemment le Roy pour eux porte le blasme.

La Gaule pour les loix estoit la verité,
De quoy les estrangers ont dressé leur police,
Les François n'ont gardé que le mal & le vice,
Le pauure en tous estats reçoit l'iniquité.

L'on mesprise le bien quand le mal le surmonte,
Pour le bien & le mal toutes choses se font,
Iugez doncques le mal, l'on void ceux qui le font,
Celuy qui faict le bien faut qu'il boiue la honte.

Roy pere des Gaulois l'on requiert tes faueurs
Pour la paix en repos establir le bon ordre,
Nul ne faut espargner en leur mal & desordre
Grand Roy à tous iamais receura les honneurs.

FIN.

Les cinq premiers traictez se vendent
en vn petit liuret, chez Guillaume Binet,
Imprimeur en la rue des Amandiers, à
l'enseigne S. Nicolas.

www.ingramcontent.com/pod-product-compliance
Lightning Source LLC
Chambersburg PA
CBHW061238050726
47594CB00009B/3943